Giuseppe A. Veltri

IL MANUALE DEL CRYPTO TRADER

Proprietà letteraria riservata, è vietata la riproduzione con qualsiasi mezzo.

Grazie per aver scelto

IL MANUALE DEL CRYPTO TRADER

Per non perderti novità e tanto altro seguimi e rimani collegato sui social!
Condivido quotidianamente *idee*, risorse utili e intrattenimento.

Dedico questo libro a Emanuele, grazie per avermi ispirato.

INDICE

INTRODUZIONE 8

I 11

II 14

III 18

IV 23

V 28

VI 33

VII 39

VIII 45

IX 50

X 55

CONCLUSIONI 61

THE CRYPTO VOCABULARY 63

INTRODUZIONE

|La più grande opportunità dopo l'avvento di Internet|

Come descriveresti il fenomeno delle criptovalute? Sebbene siano nate più di un decennio fa, solo negli ultimi anni sono state prese seriamente come strumento di guadagno, grazie alla loro crescente adozione da parte degli investitori. Proprio come internet, le crypto sin dalla loro nascita a qualche anno più tardi erano viste come qualcosa di breve durata, una moda o ancor peggio una truffa. Eppure, oggigiorno sono un pilastro portante dei guadagni e delle entrate di milioni di investitori.

Per cui... a questo punto, come risponderesti alla domanda fatta in precedenza?

"*Opportunità*." A parer mio, questo è il termine più adatto e se hai investito i tuoi soldi in questo libro allora suppongo che tu sia d'accordo con me.

Il mercato è così giovane che permette a tutti noi di cavalcare l'onda. Si, indubbiamente sarebbe stato bello acquistare bitcoin quando valeva pochi dollari, ma se sei nato un po' tardi come me o non hai mai avuto modo di avvicinarti a comprendere questo mondo nel migliore dei modi, allora sei nel posto giusto.

E sai cos'ha in comune questo libro con le criptovalute? Sono entrambi un'opportunità! Certo, avrei potuto fare molti più soldi sponsorizzando corsi da centinaia di euro spacciandoli come ottimo investimento, ma dopo un'attenta analisi ho pensato che sia un po' ingiusto spacciare informazioni reperibili ovunque come Santo

Graal, soprattutto quando quelle informazioni vengono vendute a prezzi esorbitanti per molti di noi.

Per non parlare del fatto che per molti istruirsi bene in una determinata materia come le criptovalute è difficile e rende spaesati, soprattutto quando si prova a trovare un modo per uscire dalla "corsa del topo". Per cui ecco a te un investimento sicuro e a lungo termine. Non ti farà arricchire, quello dipende da te, non ho una mappa del tesoro da darti né una formula magica che tutti vorremmo per arricchirci, ma ti offro un buon punto da cui partire.

Tratterò nel modo più semplice argomenti di una certa difficoltà, per cui se fai sul serio prendi appunti quando sarà necessario ed elimina le distrazioni per apprendere il tutto al meglio.

I

ARRICCHIRSI CON LE CRYPTOVALUTE... O QUASI
"IL MITO CHE ILLUDE MILIONI DI PERSONE"

No! Sfatiamo un mito con il quale i *fuffa guru* che vivono a Dubai riescono a spennare le persone. Non si diventa ricchi con le criptovalute, o almeno dipende dal tipo di ricchezza di cui parliamo. Si può ottenere una notevole crescita del capitale, ma è fondamentale comprendere i rischi e le fluttuazioni del mercato,

A parer mio se non hai acquistato buone quantità di bitcoin ai suoi albori, non hai la fortuna di trovare una crypto abbordabile con un gran potenziale o fai day trading con grandi capitali, non ti arricchirai con le crypto. Ma questo non vuol dire che non ti faranno fare notevoli guadagni, arrivando ad essere libero a livello economico.

Partiamo col dire che puoi investire nelle crypto in due modi:

- **Day Trading**: ovvero nello stare attentamente dietro ai grafici e al PC per comprare e vendere crypto in giornata generando profitto *"velocemente"* sfruttando l'analisi tecnica;
- **A lungo termine**: dove investirai in criptovalute sicure

perché sai per speculazione o perché hai analizzato i grafici che una determinata crypto salirà di valore e nel lungo termine trarrai un profitto. Per lungo termine si intende un periodo che può variare da **giorni, settimane, mesi o anni**.

Ad esempio, io per muovere i primi passi nel mondo crypto invece di tenere alcuni dei miei risparmi in contante o cassa forte, decisi di investirli a lungo termine. Questo aiuta anche a contrastare l'inflazione, naturalmente se il mercato è florido o come si dice in gergo *"verde"*.

Andando avanti potrai essere abbastanza bravo da utilizzare entrambi i modi. Naturalmente da parte tua ci dovrà essere un buono studio, impegno e gestione del rischio, non vorrai mica perdere i tuoi soldi. Se sarai bravo gestirai al meglio le perdite, che molte volte potranno essere inevitabili per poca curanza del mercato, delle notizie o per cattiva speculazione.

Quindi, come si fa ad avere la meglio nel mercato crypto? Scopriamolo nel prossimo capitolo.

II

LA CHIAVE PER IL GUADAGNO
"SAPERE È ...."

Tutti noi conosciamo il detto sapere è potere e fidatevi non c'è cosa più vera, ma possiamo anche modificarlo in un modo più interessante, **sapere è guadagno**.

In un mondo in cui le notizie viaggiano alla velocità della luce chi ha la meglio? Naturalmente, coloro che riescono ad ottenerle prima di tutti. Questo principio vale sia per il mondo della finanza che quello delle criptovalute.

Meno sarai informato e più opportunità ti farai sfuggire da sotto il naso. Motivo importante per il quale non solo devi avere un'ottima conoscenza del terreno su cui andrai a giocare, ma devi anche stare al passo col mondo. Ed è qua che entra in gioco l'analisi fondamentale. A questo punto ti chiederai dove puoi trovare tali informazioni. Sai già la risposta, naturalmente su internet!

"X" meglio conosciuto come Twitter è il social per eccellenza, informati su quali account o personaggi seguire per reperire informazioni gratuitamente, stessa cosa vale con Instagram, YouTube e TikTok, tieni orecchie ed occhi aperti.

Ti consiglio di sfruttare anche **CoinMarketCap**, non solo è un ottimo Exchange che ti permette di acquistare crypto e leggere i grafici, ma funge anche da ottimo "giornale" riguardante le varie notizie di queste ultime.

Mentre se sei disposto a spendere qualche soldo ci sono ottimi canali Telegram o Discord che segnalano quale crypto comprare, quando comprarla e quando venderla. Ma ricorda, sta attento alle truffe che ci sono in giro!

Non esitare a chiedere consigli e chiarimenti ai vari creator che lavorano in questo mondo, non avranno problemi a risponderti. Quindi usa ogni mezzo che internet ti mette a disposizione. Per lo meno questo metodo ti aiuta a livello speculativo e potrai utilizzarlo nel day trading o nel lungo termine, ricordando che sì, avrai le informazioni, ma starà a te trarne un vantaggio.

Un altro metodo usato soprattutto dai day trader è quello di saper usare l'analisi tecnica sfruttata per analizzare i grafici con vari schemi o formule applicate. Metodo che deriva principalmente dal mercato Forex o tradizionale.

Essenzialmente molti prendono la stessa metodologia d'analisi tecnica o grafica dei mercati tradizionali e la usano nel mercato delle criptovalute. Per alcuni è remunerativo, per altri invece non serve a nulla e rimangono scettici a riguardo, usando solo *l'analisi fondamentale*. Ricorda assolutamente che devi **DIVERSIFICARE**, non investire tutto il tuo capitale in una sola crypto, diversifica, fai le tue ricerche e trova le criptovalute che a tuo parere potrebbero darti un profitto.

Io non mi esprimo in merito, ognuno ha i propri metodi per trarre dei guadagni, tu sta attento ad usare l'analisi tecnica, studia bene tramite qualche ottimo corso di analisi grafica e se sei agli inizi e vuoi usare l'analisi tecnica investi con cautela, perché è più complicato di quanto pensi.

Questa era solo la punta dell'iceberg, dal prossimo capitolo facciamo sul serio.

III

SIAMO TUTTI "VENDITORI DI PESCE" A GRANDI LINEE

Abbiamo parlato molto di mercati e criptovalute, ma cosa sono effettivamente quest'ultimi?

Partiamo col dire che i mercati finanziari sono luoghi di acquisto e vendita di un *asset*. Gli asset sono ciò che un trader compra e vende per trarre un profitto. Ma facciamo un esempio per capire ancora meglio.

Immaginate di trovarvi al **MERCATO**, le persone che vedi, tra cui noi, sono i trader e ciò che andremo a comprare sono gli asset, in questo caso il **PESCE**. Compreremo questo pesce (asset) ad un prezzo basso per poi rivenderlo ad un prezzo maggiore appena possibile. Quindi lo compro a 1€ e lo rivendo a 2€, così facendo ho generato un profitto di 1€.

Notiamo che ci sono vari tipi di pesce con prezzi differenti, a questo punto ci chiediamo chi è che decide il prezzo del pesce (asset). Il prezzo di un asset viene determinato tramite **domanda** e **offerta**.

- Se c'è molta offerta ma poca domanda il prezzo **scende**.
- Se c'è molta richiesta ma poca offerta il prezzo **sale**.

Tornando all'esempio del pesce, se molti vogliono un determinato tipo di pesce ma è limitato in fatto di scorte, il prezzo aumenterà.

D'altra parte, il prezzo andrà a diminuire se pochi comprano un tipo di pesce mentre l'offerta è abbondante.

Per calcolare in termini monetari il valore di un asset necessitiamo di due cose:

- **Market Cap**: cioè la capitalizzazione di marcato, il valore totale in dollari di un'azione o criptovaluta. Se ci sono 50.000 pesci e il prezzo di ogni pesce è di 2€, andando a moltiplicare questi due fattori otteniamo un market cap di 100.000€
- **Circulating Supply**: è il numero/quantità di un asset in circolo, quindi ad esempio sarebbero i 50.000 pesci in circolo.

Con questi due dati è possibile applicare una delle formule più semplici per calcolare il prezzo.

$$\frac{\text{MARKET CAP}}{\text{CIRCULATING SUPPLY}} \longrightarrow \frac{100.000 \; (\textit{CAP. DI MERCATO})}{50.000 \; (\textit{PESCI IN CIRCOLO})}$$

2€: PREZZO ASSET

Sottolineo a questo punto che la maggior parte dei dati come Market Cap e Circulating Supply di una crypto puoi trovarli su internet o all'interno di tutti gli Exchange.

Uno dei fattori però spesso trascurati è il **MAX SUPPLY** (offerta massima).

Perché mentre il Circulating Supply indica quante monete ci sono in circolo, il Max Supply va ad indicare quante ne potranno esistere, sarebbe l'offerta massima calcolata sommando la quantità totale di monete che sono state estratte con quelle che devono ancora essere estratte, praticamente il limite massimo. Questo è importante, perché ci aiuta a capire quale sarà il prezzo futuro di una criptovaluta. Una volta raggiunta l'offerta massima non ci saranno nuove monete estratte, coniate o prodotte.

Ora immagina di voler investire in una crypto la cui Circulating Supply è del 50% della Max Supply, l'altro 50% potrebbe essere immesso sul mercato in qualsiasi momento, così facendo il prezzo dell'ipotetica moneta andrebbe a diminuire perché aumenterebbe l'offerta e potrebbe esserci poca richiesta.

Naturalmente la cosa varia da moneta a moneta, la Max Supply di Bitcoin, ad esempio, è di ben 21 milioni mentre la Circulating Supply di 19 milioni, ancora potranno essere minate 2 milioni di monete, ecco perché Bitcoin è considerata una riserva di valore, la domanda è alta e l'offerta è limitata.

Nel tuo percorso potrai trovare anche il **TOTAL SUPPLY**, che potresti confondere con il Circulating Supply, cosa ben diversa. La Total Supply (offerta totale), è il numero di token (moneta virtuale) attualmente esistenti e in circolazione.

Monete che possono essere riservate o bloccate in qualche modo (per esempio create e ancora non immesse nel mercato). *È la somma dei token già estratti meno il totale delle monete bruciate o distrutte.* Tornando all'esempio del pesce, sarebbe la somma dei pesci già pescati più quelli riservati più quelli buttati, quindi non solo quelli in circolo. Mentre l'offerta circolante (Circulating Supply) non comprende token bloccati o riservati.

Lo so, lo so, potresti sentirti confuso o stupido vero? Lo capisco, ma se può rincuorarti, posso dirti che non sempre troverai tutti questi dettagli nel tuo lavoro con le criptovalute, ma fa sempre bene tenerli ricordarli.

IV

DAGLI EXCHANGE...
IL LUOGO "FISICO" DOVE ACQUISTARE CRYPTO.

Abbiamo parlato molto di Max supply, Circulating supply, Market Cap ed Exchange, ma come possiamo sfruttare quest'ultimi e a cosa servono?

Partiamo col dire che un **EXCHANGE** è una piattaforma online che permette l'acquisto e vendita di una criptovaluta. Molti Exchange all'interno della loro piattaforma ci danno la possibilità di avere un *wallet*, ovvero un portafoglio virtuale nel quale deteniamo i nostri asset, in questo caso le monete crypto. Approfondirò meglio quest'ultimo argomento nel capitolo 5.

Tornando agli Exchange ricorda bene la differenza tra **MONETA FIAT** e **MONETA CRYPTO**. La moneta **FIAT** è la moneta dello stato, che sia euro, dollaro o altro. Mentre una criptovaluta è una moneta digitale *che serve a dar valore in un contesto digitale*. Una differenza essenziale tra le due è che nelle crypto nessuno può cambiare le regole a proprio piacimento, questo perché le criptovalute sono **DECENTRALIZZATE**, non c'è nessun intermediario, è tutto nelle mani di persone comuni.

Negli Exchange usiamo la moneta FIAT (dello stato) per acquistare crypto/*token*.

Gli Exchange possono essere **CEX** (centralizzati) o **DEX** (decentralizzati). Con i CEX troviamo un intermediario che a parer mio non va a influenzare troppo la decentralizzazione delle crypto. I CEX dovrebbero:

- Essere sicuri;
- Avere assistenza;
- Avere liquidità (velocità con cui si può vendere un asset);
- Avere volume (quantità di scambi dei vari asset) ovvero se compro bitcoin a 10€ e lo vendo a 15€ il volume totale è di 25€. Più il volume è alto più la piattaforma è efficace.

Una cosa che può tornarti utile e che puoi trovare in diversi Exchange è **l'order book**, un elenco dove vengono registrate tutte le vendite effettuate dai trader, potrai servirtene per capire meglio i movimenti di un determinato asset.

Esempi di Exchange CEX sono: **Crypto.com**, **Binance**, **Coinbase**, ossia i più famosi, che come scritto detto prima, una volta acquistata la moneta, andrà direttamente nel wallet dell'Exchange.

Nel caso degli Exchange DEX non troverai la sicurezza dei CEX, gli scambi sono basati su *smart contract* e non implicano la presenza di un'autorità centrale, le monete saranno direttamente in tuo possesso, in un tuo wallet esterno. Esempi di Exchange DEX sono Uniswap, CoinGecko o PancakeSwap.

Se dovessi scegliere io tra un Exchange DEX o CEX preferirei utilizzarne uno centralizzato, soprattutto agli inizi. Ricordo che mi trovai molto bene quando mossi i primi passi in questo mondo, perché facili da utilizzare e sicuri, andando avanti mi approcciai ad Exchange e wallet DEX. Ti consiglio, se sei agli inizi, di procedere così, sono sicuro che ti troverai bene e una volta ampliate le conoscenze testerai nuovi terreni.

Riguardo agli Exchange CEX, una cosa che apprezzo è la possibilità di mettere in **STAKING** le proprie crypto. Lo *staking* ci permette di creare rendite passive semplicemente "congelando" una quantità di monete. In gergo tecnico, metteremo le nostre monete o token a disposizione dei *nodi* (cap. 6) della blockchain per convalidare le transazioni, il tutto per un lasso di tempo determinato nel quale non potremmo ritirarle sino allo scadere del tempo, dove avremo una percentuale in più di monete, come degli interessi, una sorta di "ricompensa".

Lo so, forse sono stato troppo tecnico, col tempo capirai meglio, in parole spicciole con lo staking guadagnerai interessi in un'ottica di medio lungo termine senza muovere apparentemente un dito.

Prima di andare avanti è essenziale che tu sappia che non tutte le criptovalute sono uguali infatti troviamo:

- **ALTCOIN**: significa letteralmente "moneta alternativa", si investe soprattutto in questa tipologia di monete *alternative* da Bitcoin;
- **STABLECOIN**: ovvero crypto o monete stabili, non troppo volatili, sono indicizzate e riportano a mercati stabili come oro, dollaro o euro. Un esempio di stablecoin può essere Theter (USTD) definita come "dollaro virtuale";
- **SHITCOIN**: monete nate per scherzo, senza uno scopo apparente o a scopo speculativo, poco stabili;
- **TOKEN**: possiamo definirli come gettoni virtuali, sono la rappresentazione di un bene digitale e hanno valore come valuta nel contesto utilizzato.

Andando avanti potresti non capire la differenza tra token e criptovaluta, per cui ricorda che i **token** sono creati su delle blockchain già esistenti e non possono essere minati a differenza delle crypto/coin che funzionano con una propria blockchain.

V

...AL NOSTRO PORTAFOGLIO
NORMALI PORTAFOGLI... DI MASSIMA SICUREZZA

Immagina un portafoglio con la sicurezza di una banca, sotto il tuo totale controllo, nel quale puoi detenere diverse centinaia, migliaia o milioni di dollari. Definiti come strumento di libertà delle nostre finanze, sto parlando dei **Crypto Wallet**. Ma come mai sono così sicuri e apprezzati dalle persone? Devi ricordare che lo scambio di criptovalute è basato su un sistema ***peer to peer***, ossia da persona a persona, senza intermediari, come rappresentato qua sotto:

Figura 0.0

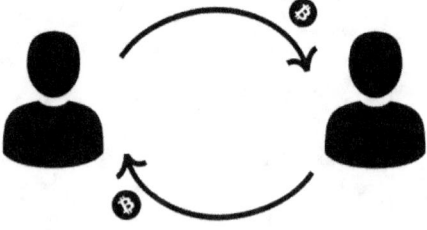

Se volessi mandare un bitcoin a persona "X" in un breve lasso di tempo l'operazione verrà eseguita senza che un terzo operatore approvi la transazione o nel caso della banca, che la firmi, perché ricorda che l'ultima parola è sempre della banca.

Figura 0.5

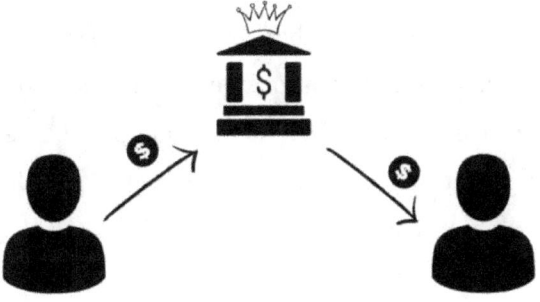

Proprio per questo motivo, se tu volessi inviare 10.000€ ad un tuo amico, tramite un bonifico bancario, dovrai aspettare che la banca apra i propri servizi e la transazione dovrà essere approvata, per cui da come hai capito, il controllo delle nostre finanze è minimo. Con un tuo wallet invece, qualora tu avessi necessità di inviare dei soldi, puoi farlo sotto forma di crypto, magari stablecoin e potrai farlo in qualsiasi momento o ora della giornata, l'ultima parola in capitolo è tua!

Puoi avere uno o più wallet sul tuo smartphone sotto forma di applicazione o sul tuo PC come estensione del browser, il che facilità molto il tuo lavoro in questo mondo.

Tutto molto bello penserai, ma perché li ho definiti di "*massima sicurezza*"? Beh, perché a meno che tu non sia uno sciocco, nessuno potrà accedervi. Quando andrai a crearlo ti verrà data una password o *"chiave"* di dodici parole casuali, le quali andranno messe in un ordine ben preciso. Se perderai la password o l'ordine esatto delle parole allora perderai l'accesso al wallet con tutte le finanze al suo interno e non potrai far nulla per recuperale. Oltre a questa chiave, che ti consiglio di scrivere su un foglio e tenerla al sicuro, avrai anche una chiave "pubblica" usata per ricevere le tue monete crypto, tipo un IBAN. Questa chiave pubblica è simile a quella privata MA dà una remota possibilità a un hacker di risalire a quest'ultima.

Naturalmente non esiste solo un tipo di wallett! Potrai scegliere tra ben quattro tipi:

- **HOT WALLET**: portafoglio connesso a Internet, puoi trovarne CEX o DEX;
- **COLD WALLET**: portafoglio fisico più sicuro, qui solitamente si detiene una o più grosse quantità di crypto puntando sul medio o lungo termine, anche quest'ultimi hanno una chiave di dodici parole e sono considerati come i più sicuri;
- **CUSTODIAL WALLET**: wallet gestito in minima parte da terzi più sicuri, come Crypto.com o Binance;

- **NON-CUSTODIAL WALLET**: ovvero un wallet dove tutto è nelle nostre mani, all'interno di questa categoria si collocano anche *HOT* e *COLD* wallet.

La scelta spetta a te! Opzioni come cold wallet sono le più sicure ma anche le più costose, a parer mio non necessarie agli inizi o se non si dispone di una grande quantità di denaro, per cui potresti optare per gli hot wallet o custodial wallet.

Spero che tutto ti sia chiaro, naturalmente l'esperienza è la maestra migliore e molte cose le capirai solamente con un po' di tempo, perché ricorda, non bisogna mai smettere di imparare, solo così potrai diventare un abile trader o una grande persona nella vita, come abbiamo detto all'inizio **sapere è guadagno**!

Dal prossimo capitolo sarò ancora più tecnico per cui presta attenzione, ti parlerò di ciò che rende possibile il sistema "perfetto" su cui si basano le criptovalute, sto parlando della **BLOCKCHAIN**.

VI

BLOCKCHAIN E HASHING
IL SISTEMA FINANZIARIO PERFETTO.

Arrivato a questo punto avrai ben capito che le criptovalute ti permettono di avere nelle tue mani il totale potere sulle tue finanze, puoi generare rendite passive tramite esse e sfruttarle come riserva di valore sul lungo termine. Ma ora bisogna capire cosa rende possibile tutto ciò, anche per evitare problemi in futuro, avendo una conoscenza completa in questo campo.

PARTE 1
LA BLOCKCHAIN O DLT

Rispondiamo subito alla domanda "che cos'è la blockchain?". Possiamo definirla come un tipo di database speciale, una specie di gigantesco registro. Tieni ben a mente che la blockchain lavora in modo unico. Tant'è che una delle differenze più importanti tra database e blockchain sta nel fatto che se nei database è possibile eliminare o modificare dati, nelle blockchain non è possibile, possiamo solo inserirli. I dati della blockchain una volta aggiunti non possono essere archiviati, è virtualmente impossibile sia modificarli che cancellarli. Nessuno può decidere da un momento all'altro di cambiare le regole, le quali governano il modo in cui i dati di transazione e operazione possono essere aggiunti.

Ad esempio, quando si esegue una transazione sulla blockchain i dati vengono aggiunti al registro DLT, ossia registri elettronici in cui i dati sono protetti e vengono organizzati in blocchi:

Figura 1.0

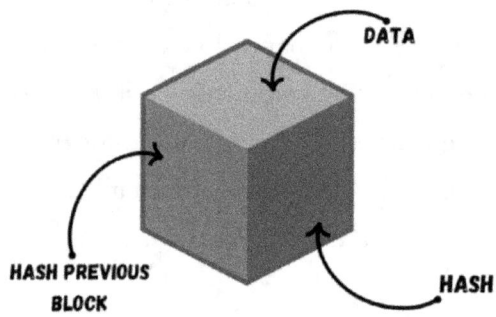

Ciascun blocco è collegato e costruito al blocco precedente, esaminando il blocco più recente possiamo verificare che sia stato creato dopo il blocco prima di lui, continuando ad andare indietro si arriva al blocco **genesi** ossia il primo blocco. Questo serve ad avere la sicurezza che ogni blocco sia valido e che nessun hacker abbia provato a creare blocchi "fasulli", tenendo tutto in ordine, per l'appunto come *un grande registro*.

PARTE 2

L'HASHING.

Come hai ben visto nella figura precedente, un blocco è costituito da dati, un proprio hash e un hash del blocco precedente. Ma cos'è un Hash? Un **HASH** puoi vederlo come una stringa di codice composta da numeri e lettere, un output e componente che tiene tutti i blocchi, tale lavoro è chiamato ***HASHING***.

L'*hashing* consiste nel prendere i dati di una blockchain e passarli attraverso una funzione matematica per produrre un hash (output) che ha sempre la stessa lunghezza di caratteri, quest'azione è un'operazione irreversibile una volta che diamo un input e riceviamo un output. In parole ancora più semplici, noi diamo un input, avviene l'hashing (funzione crittografica) e ci viene dato un output ovvero l'**HASH SUM**, un primo hash identificativo di transazione:

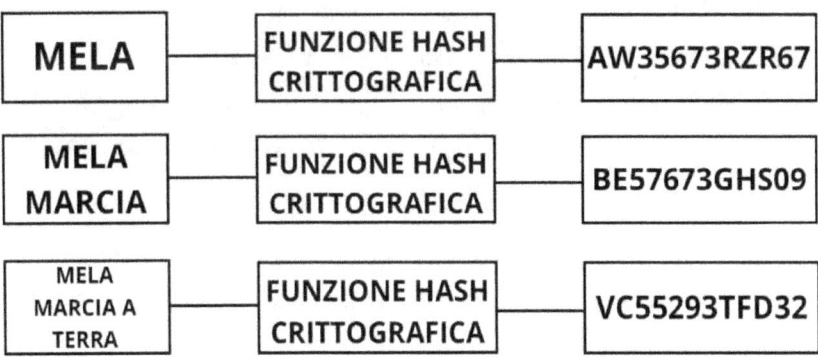

Figura 1.5

e ogni hash, come detto prima, ci riporta sempre all'hash precedente, come riportato nella seguente figura:

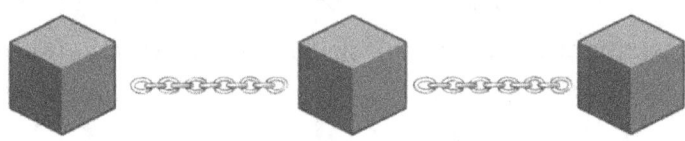

HASH: 4Z5A   HASH: 3GA7   HASH: 80L3A
PREVIOUS HASH: 0000   PREVIOUS HASH: 4Z54   PREVIOUS HASH: 4Z54

Figura 2.0

inoltre, ci sono bassissime possibilità di trovare due hash uguali.

Qualora un hash venga hackerato o corrotto non sarà accettato, in questo modo sarà evidente un tentativo di modifica. Tutto deve combaciare perfettamente, questo porta a considerare la blockchain il futuro della burocrazia.

Ora al di là della teoria, se volessi in modo pratico dare un'occhiata agli hash, i blocchi o alla blockchain puoi sfruttare gli "Explorer", piattaforme di ricerca approfondita dei blocchi. Potrai dare uno sguardo a tutti i blocchi e alle loro informazioni, come chi lo ha minato, quando è stato minato, il suo hash, quante transazione contiene e diverse altre informazioni (figura 1.0); questo ci fa capire quanto la blockchain sia trasparente. Alcuni esempi di explorer più importanti sono:

- **Blockchain.com**;
- **Etherscan**;
- **BlockCypher**.

Figura 2.5 *(immagine presa da BlockCypher)*

Height	Age	Transactions	Total Sent	Total Fees	Block Size (in bytes)
770238	2023-01-03T22:08:46.538Z	1,326	2,265.464 BTC	0.061 BTC	1,697,299
770237	2023-01-03T22:03:34.524Z	2,654	1,049.428 BTC	0.026 BTC	1,779,528
770236	2023-01-03T22:02:54.27Z	871	1,259.044 BTC	0.03 BTC	1,837,686
770235	2023-01-03T22:02:33.637Z	1,578	3,579.366 BTC	0.155 BTC	1,334,345

Prima di concludere il capitolo c'è una cosa molto importante che non devi dimenticare. La blockchain è *connessa da* **nodi**, ossia dispositivi connessi a Internet, e i nodi siamo noi! Ognuno di noi è alla base della blockchain stessa, noi con il nostro stesso wallet sul telefono siamo un nodo, il potere è in mano a tutti.

Quindi ricapitolando, la blockchain è: decentralizzata, distribuita e inviolabile, per quanto possa sembrare banale non lo trovi incredibile?

VII

DECENTRALIZZATO E CENTRALIZZATO
L'UGUAGLIANZA
NEL MONDO DELLA FINANZA

Ed eccoci arrivati ad uno degli argomenti che mi sta più a cuore, con un concetto affascinante quanto ormai reale, reso possibile dalla **DECENTRALIZAZZIONE**, un contesto in cui *tutti sono alla pari*. Nessuno esercita potere su nessuno, che tu sia un politico, un milionario, un personaggio famoso o una persona comune, non importa, tutti sono alla pari! Qualsiasi cosa farai resterà tra persona A e persona B senza nessun intermediario. Come detto nel capitolo 5, se persona A volesse inviare un BTC a persona B lo scambio sarà diretto, senza la presenza di una banca o altre terze parti, perché tutto si basa sul *peer to peer* (*vedi Figura 0.0*).

Qualora il contesto sia **CENTRALIZZATO** vorrà dire che ci sarà un intermediario o terze parti a supervisionarci, cosa che accade nell'attuale sistema finanziario bancario. Se persona A volesse inviare 2000€ a persona B l'ultima parola resterebbe in mano alla banca, come riportato nella *Figura 1.0*. Però attenzione, a parer mio la centralizzazione che troviamo nella blockchain dà più libertà delle proprie finanze rispetto a quella del sistema bancario.

Un altro fattore che rende la blockchain più sicura di qualsiasi altra banca può essere spiegato con un esempio. Se cade la banca cadono i tuoi soldi, se cadono i server di Facebook perderai le tue credenziali, dati e ricordi, seppur la possibilità sia remota. Nel caso della blockchain il tutto è ancora più improbabile perché è basata su milioni di persone, o nodi, anonimi. Se "cade" uno di loro, dieci o cento non succederà nulla, grazie alla presenza di tutti gli altri "utenti" sul network.

C'è da dire che non tutte le blockchain sono uguali, quella di Bitcoin è pubblica, basta una connessione ad Internet per accedervi, per cui è definita *permissionless*. Altre blockchain sono private, nelle quali ci sono regole su chi può interagire o vederne i contenuti. Tali blockchain sono definite *permissioned*.

COME FA LA BLOCKCHAIN A FAR ANDARE TUTTO SECONDO I PIANI?

Semplicemente ha un sistema che rende molto costoso un ipotetico attacco hacker, un sistema dove se si è onesti si viene ripagati. A questo punto potremmo definire la blockchain un sistema perfetto, ma essendo lo stesso uomo imperfetto non riuscirebbe a creare qualcosa con soli aspetti positivi, di fatti nella blockchain insorge un piccolo problema.

L'ATTACCO DEL 51%

Consiste in un attacco al network di una qualsiasi blockchain nel quale si riesce a prendere il controllo dell'hashrate, ossia della potenza di calcolo della rete. Per fortuna per far sì che questo accada bisognerebbe avere una potenza di calcolo enorme, vale a dire una grande quantità di finanze, per escludere intenzionalmente alcune transazioni o modificarne l'ordine. Esistono altre situazioni abbastanza improbabili:

- Modificare la ricompensa per blocco;
- Creare una moneta dal nulla;
- Rubare monete mai appartenute a chi svolge l'attacco.

Ma i network più grandi sono i più protetti, per cui cose del genere non accadono in blockchain come Bitcoin, il discorso cambia quando andiamo a parlare di criptovalute "piccole", con *miners* incompetenti. Se ti farai truffare al di là delle situazioni precedentemente elencate il pollo sei tu!

GLI AGGIORNAMENTI DELLA BLOCKCHAIN

Naturalmente un simile sistema dovrà pur star al passo con i tempi, con aggiornamenti che permettono di avere un costante miglioramento. Qui entrano in gioco i **fork**, aggiornamenti che svolgono le blockchain per garantirne funzionamento continuo ed efficacia. Siccome le blockchain sono opensource, chiunque può proporre aggiornamenti, i quali devono essere approvati da tutti i nodi, o per lo meno dalla maggior parte. I fork si dividono in:

- **Soft Fork**: aggiornamenti semplici, nel momento in cui sono in vigore i nodi che lo hanno implementato potranno interagire con coloro che non l'hanno fatto e che in seguito dovranno fare comunque;
- **Hard Fork**: si tratta di un aggiornamento più complicato. Una volta implementato, chi lo avrà eseguito non potrà interagire con chi non lo ha fatto.

LA BLOCKCHAIN E GLI NFT's

Non parlerò nello specifico di questo argomento, ma siccome nel 2022 non si è fatto altro che parlare di loro ed è una funziona offerta dalla blockchain, è giusto che ti schiarisca le idee sugli NFT, ovvero **Not Fungible Token**, che significa gettone non fungibile o riproducibile, un qualcosa di unico che non può essere sostituito da una sua copia o altro. Ad esempio, una banconota può essere scambiata o sostituita con un'altra, mentre un NFT è unico, non può essere scambiato, se possiedi un determinato NFT vorrà dire che solo tu potrai possederlo, nessun'altra copia avrà la sua unicità e validità; non puoi scambiare una Gioconda con un Guernica, sono pezzi unici, puoi fare una foto alla Gioconda, puoi avere una replica, ma non sarà mai l'originale. Questo concetto è sato preso e spostato nel mondo digitale, andando a sfruttare la blockchain. Ciò che distingue un NFT da un altro sono dei codici di identificazione unici.

Un NTF può essere qualsiasi "oggetto" digitale: una foto, una GIF, un video, un audio o anche un documento; servono a garantire la proprietà di un bene, pensa in quanti ambiti potrebbe essere utilizzata tale tecnologia. Per evitare frodi o truffe è possibile dare certificati o titoli immobiliari sotto forma di NFT che dichiarino il proprietario legale di una casa, non esclusivamente si possono adottare nel mondo dell'arte. Magari avrai anche sentito parlare di alcuni disegni di scimmie o balene pixellate vendute per centinaia di milioni di euro. Lo stesso Deejay Steve Aoki ha dichiarato in un'intervista che ha guadagnato più con la compravendita di NFT che in dieci anni di musica. Sicuramente gli NFT troveranno un posto nella nostra quotidianità, così da essere sfruttati al meglio, semplificandoci ulteriormente la vita. Una cosa del genere ha bisogno di tempo per essere capita, apprezzata ed utilizzata nella burocrazia quotidiana, sicuramente ci vorrà un po', tutto a suo tempo.

VIII

MINING

MINATORI DIGITALI MINANO ORO DIGITALE

Arrivato fin qui non posso far altro che complimentarmi con te. Ne sai molto di più della maggior parte delle persone riguardante il tema criptovalute. Non una conoscenza che molti spacciano nei loro corsi o libri come "qualcosa che ti farà arricchire", bensì una conoscenza che ti fa' capire veramente ciò con cui andrai a che fare, invece di non sapere neanche in cosa si investe, fermandosi al "compro bitcoin perché è la crypto più famosa" o "acquisto *shiba inu* in grandi quantità perché mi farà arricchire come dicono". Sono del parere che se devi fare un qualcosa, devi farla bene, farla al meglio e con le giuste conoscenze. Naturalmente ti auguro di non smettere mai di imparare ed aggiornarti. Sapere, è guadagno.

Tornando all'argomento di questo capitolo, devi sapere che con "**mining**" si intende il processo di verifica e convalida delle transazioni sulla blockchain, processo con il quale nuove crypto vengono generate, come un registro retribuito. Per capire meglio immagina un mondo basato sull'oro, dove troviamo cercatori d'oro che picconano e minano giorno e notte per cercare oro. Il mondo sarebbe la blockchain, i minatori siamo noi, il piccone è il nostro PC e l'oro sono i bitcoin. I miner necessitano strumenti e risorse informatiche costose, per non parlare delle conoscenze tecniche. Il loro lavoro consiste nello specifico di estrarre criptovalute che in seguito verranno vendute sugli Exchange o in **OTC** (*Over The Counter*) fuori dai mercati.

Non tutte le crypto seguono questo processo detto *Proof of Work*, sistema che richiede l'elaborazione del computer. Ethereum, ad esempio, si basa sul *Poof Of Stake,* ma questo lo tratterò più avanti. Tornando a noi, il lavoro del miner diventa una competizione per vincere il diritto sul blocco successivo, cercando di risolvere complessi enigmi crittografici con degli hardware appositi. Il primo che trova una soluzione valida può trasmettere il blocco di transazione alla blockchain e ricevere una ricompensa chiamata **Block Reward**. La ricompensa varia a seconda della rete, pensa che può essere pari a 6.25 bitcoin, però dopo 210.000 blocchi, vale a dire più o a meno quattro anni, la ricompensa scenderà a 3.125 bitcoin; questo è dovuto per il processo di **Halving**, Processo che rende l'emissione di nuove monete costante e imprevedibile. Col tempo la ricompensa sarà sempre minore, nel 2028 tra 420.000 blocchi sarà di 1.56 bitcoin e nel 2032 di 0.78 bitcoin. Penserai che sarà sempre più difficile trarne un profitto, ma a parer mio il prezzo di bitcoin andrà ad aumentare col tempo, arrivando a far valere anche solo 0.78 bitcoin davvero tanti, tanti soldi.

Ora la domanda può sorgere spontanea, in che modo si può minare? Troviamo cinque modi:

- Tramite **CPU**;
- Tramite **GPU**;
- Tramite **ASIC**;
- Tramite **POOL**;
- Tramite **MINING IN CLOUD**.

Alcuni sostengono che si può minare con lo smartphone, ma sfatiamo un mito, è IMPOSSIBILE sfruttare il proprio smartphone per minare monete, quest'ultimo non ha abbastanza potenza di calcolo. Per cui stai attento a tutte le truffe che al giorno d'oggi girano dietro a questo falso mito, nel quale vedo adulti e ragazzini crederci fortemente.

LE FASI DEL MINING

Il processo di mining possiamo dividerlo in quattro fasi, nelle quali non andremo troppo nello specifico. Si tratta di un argomento principalmente tecnico che necessita, se interessati, il giusto approfondimento. Ne parlerò brevemente così che tu riesca a capire essenzialmente come funzionano:

1. **COINBASE**: non sto parlando dell'exchange, ma della fase in cui si minano nuove monete che in seguito verranno acquistate. Questa è la prima transazione che esegue un miner, il quale dopo aver generato le hash passa alla fase successiva.

2. **MARKET TREE**: è una struttura che si forma organizzando gli hash ottenuti dalla prima fase eseguendo un altro

hashing. Questo processo verrà eseguito finché non si avrà un singolo hash detto **root hash**.
3. Fase nella quale il miner deve trovare un **header** valido del blocco. Letteralmente bisogna trovare un identificativo del blocco.
4. **BROAD CASTING**: dopo aver trovato un hash valido e un header, il blocco verrà trasmesso alla blockchain, tutti i nodi controlleranno se il blocco e l'hash sono validi e lo aggiungeranno alla loro blockchain. Una volta che il blocco verrà confermato i miner passeranno al blocco successivo.

IX

BITCOIN

IL "RE" DI TUTTE LE CYRPTO

La nascita di Bitcoin si suppone risalga al 2008, primo progetto concreto riguardante la blockchain e le valute digitali. Creato da una persona o gruppo di persone con l'alias di *Satoshi Nakamoto*, il quale pubblicò un articolo nell'agosto del 2008 intitolato *"Bitcoin: A Peer- To-Peer Electronic Cash System"*, vale a dire la whitepaper (documento di nove pagine che dà le basi della criptovaluta stessa) di Bitcoin.

Prima della creazione di bitcoin esistevano già vari esempi di valute elettroniche, come B-Money o BitGold, ma non riuscirono ad affermarsi sul mercato o ad attirare l'attenzione come fece Bitcoin. Si suppone che Satoshi abbia preso spunto da quest'ultime per la creazione di Bitcoin. Incredibile come nonostante abbia creato un sistema finanziario quasi perfetto nessuno conosca la sua identità; infatti, prima di scomparire scrisse il suo ultimo post su *bitcointalk* dove spiegò le funzioni di Bitcoin e cosa c'era da migliorare, una sorta di manuale d'uso. Pensa che Satoshi Nakamoto potrebbe detenere la bellezza di 1.1 milioni di Bitcoin, una cifra pazzesca, si parla di miliardi di dollari, a parer mio meritati

BITCOIN NEL CONCRETO

Parto col dire che "bitcoin" significa letteralmente *moneta digitale* e se hai avuto occhio attento avrai notato che ho scritto la parola "bitcoin" in due modi, ovvero con l'iniziale minuscola e maiuscola. Questo perché cambia di significato a seconda di come la si scrive, se leggi "Bitcoin" con l'iniziale maiuscola si intende la rete o la tecnologia inerente. Mentre per "bitcoin" con l'iniziale minuscola si intende la moneta in sé.

Ricapitolando un'ultima volta, Bitcoin è una forma di denaro digitale decentralizzato, con un sistema finanziario gestito da migliaia di mining farm sparse nel mondo. Molte persone però invece di spendere e utilizzare bitcoin, lo vedono come un investimento, un asset da tenere a lungo termine, questa strategia viene chiamata **HODLING**, la parola HODL (una derivazione errata di "hold") la troverai spesso tra gli investitori di criptovalute. Quando una persona tiene le sue crypto nonostante gli alti e bassi dei mercati vuol dire che sta *holdando*, letteralmente conserva le sue crypto, le mantiene nel tempo. Mentre chi sfrutta la volatilità del mercato per generare profitti viene chiamato **COMMERCIANTE**.

Gli investitori tendono ad holdare perché bitcoin è visto come "oro digitale" con una fornitura limitata, ovvero 19 milioni, con un max supply di 21 milioni, penserai che manchi poco al raggiungimento del limite massimo ma in realtà, come spiegato nei capitoli precedenti, con il passare del tempo si estrarranno sempre meno bitcoin, per cui si stima che il raggiungimento del limite massimo di bitcoin minabili avverrà entro il 2140! Andando su un altro pianeta e ipoteticamente l'uomo trovasse miniere contenenti oro, il valore dell'oro cadrebbe a picco, non varrebbe più nulla, per colpa della troppa offerta. Mentre la possibilità di creare ulteriori BTC, dopo il raggiungimento dei 21 milioni è nulla, ecco uno dei fattori fondamentali su cui si basa il valore di bitcoin.

Inoltre, bitcoin può dividersi in una frazione più piccola che prende il nome di **"SATOSHI"**, dal valore di 0,00000001 btc. Quindi invece di acquistare un bitcoin intero potrai acquistare parti di bitcoin (questo possibile con quasi tutte le criptovalute).

BITCOIN PIZZA DAY

Che correlazione ha la pizza con Bitcoin? Questa storia ha come protagonista uno sviluppatore di software che il 22 maggio 2010 acquistò due pizze al prezzo di 10.000 btc nel 2010, circa 43$, un'azione più che assurda al giorno d'oggi. Quella fu la prima transazione di criptovalute ufficialmente riconosciuta. Transazione che, al prezzo massimo raggiunto da bitcoin, costò allo sviluppatore ben 600 milioni di dollari. L'uomo ancora oggi afferma di non pentirsi della sua decisione, perché secondo lui fu un passo cruciale per la crescita del sistema delle criptovalute. Ed ecco perché il 22 maggio per tutti i crypto trader è il *Bitcoin Pizza Day*.

X

ETHEREUM

L'ECOSISTEMA CRYPTO CHE SUPERA BITCOIN

Se Bitcoin è il Re indiscusso di tutte le crypto, Ethereum ne è a mani basse la Regina. Proprio come nella regina all'interno degli scacchi, Ethereum offre diverse funzioni e modalità d'uso, questo permette di sfruttarlo a pieno. Creato nel 2013 da Vitalik Butterin, Joseph Lubin e Charles Hoskinson, i quali presero l'idea dietro a Bitcoin innovandola, rendendola non solo più sicura e organizzata, ma offrendo la possibilità di lanciare applicazioni che non possono essere alterate o disattivate, in termini applicativi sicuramente riesce a surclassare Bitcoin, ma molti non credono in una completa decentralizzazione da parte di Ethereum. Questo perché quando ci fu l'*Initial Coin Offer* di Ethereum, ossia la prevendita di una crypto ad un prezzo minore per raccogliere investimenti e finanze, grazie al cofondatore Joseph Lubin, investì nel progetto la JPMorgan, una delle banche più importanti d'America e banca più grande al mondo secondo Wikipedia. Questa cosa fa ancora oggi storcere il naso riguardo la decentralizzazione di Ethereum, a parer mio la JPMorgan ha visto un'opportunità di guadagno e l'ha colta, non credo abbia "avvelenato" la decentralizzazione di Ethereum o la controlli in minima parte.

Lo scopo di Ethereum fu reso pubblico per la prima volta nel 2015, inizialmente mirava a capire se la tecnologia blockchain avesse utilizzi validi al di fuori dei limiti di progettazione di Bitcoin, riuscendo nell'intento. Col passare del tempo lo scopo principale diventò quello di rivoluzionare il sistema con cui il denaro digitale viene scambiato nella blockchain, ma andando avanti Ethereum dimostrò di essere capace di molto altro, arrivando a dare la possibilità agli sviluppatori di creare e implementare codici da casa propria, interagendo con le applicazioni create da altri utenti.

L'ERC-20 DI ETHEREUM

Infatti, un programmatore potrebbe creare un proprio asset on-chain o proprio token, con una max e circulating supply del progetto, questo grazie all'ERC-20. Possiamo definire quest'ultimo come un luogo dove si può sperimentare di tutto, dal campo della finanza a quello videoludico. Più tecnicamente l'ERC-20 è uno **smart contract**, con una struttura di dati prestabilita, che ha come scopo l'implementazione di varie funzionalità sulla blockchain di Ethereum, facilitando il lavoro di creazione agli sviluppatori. Alcuni esempi di token ERC-20 possono essere:

- **Decentraland (MANA)**;
- **Uniswap (UNI)**;
- **Tether (USDT)**.

SMART CONTRACT

I programmi che compongono le applicazioni si chiamano Smart contract, sono come fogli digitali. Dei veri e propri contratti che fanno rispettare e facilitano le negoziazioni, creati con lo scopo di operare senza intervento umano, dove il tutto si conclude con una firma digitale.

Il mining di Ethereum fino a poco tempo fa era simile a quello di Bitcoin, basato sul proof of work, ma dal 15 Settembre 2022 la rete Ethereum ha completato il MERGE, così facendo il meccanismo della validazione delle transazioni è passato da proof of work a *proof of stake*. Meccanismo creato con lo scopo di contrastare o ridurre l'impatto ambientale che va a creare la proof of work.

Riguardo al Merge devi sapere che è letteralmente il passaggio da PoW a PoS, va ad unire la chain che lavora in PoW ad una chain nella quale la convalida avviene tramite PoS.

PROOF OF STAKE

Il proof of stake si basa sullo staking, chi vuole essere selezionato per aggiungere blocchi ad una blockchain deve mettere in staking una certa quantità di crypto, questo determina le possibilità che si hanno per essere selezionati a produrre il blocco successivo, per non favorire i più ricchi il PoS ha altri fattori su cui basarsi, così che predomini l'uguaglianza. Più persone partecipano e più la rete sarà decentralizzata, più sarà decentralizzata e più bassa sarà la possibilità di un attacco del 51%.

LE GAS-FEE

Una delle cose che coglie impreparati agli inizi le persone che vogliono approcciarsi al mondo degli investimenti in criptovalute sono le cosiddette **GAS FEE** o GAS. Sono una sorta di "commissioni" da pagare per le nostre transazioni, una commissione che, per chi è agli inizi, può risultare alta. Le si pagano per compensare il dispendio di energia necessario per elaborare, approvare e validare le transazioni sulla blockchain, inoltre vengono usate come ricompensa per i miner che offrono la loro potenza di calcolo per le transazioni. Nel momento in cui necessiti che la transazione debba essere eseguita il più presto possibile, potrai impostare un prezzo maggiore di Gas da pagare, così che i miner diano priorità alla tua transazione per validarla.

C'è il rischio che il prezzo della transazione sia più alto se quest'ultima rimane in sospeso troppo a lungo, magari per problemi esterni. Per evitare tutto ciò basterà impostare un *gas limit*, un massimo di Fee che sei disposto a pagare.

SI PASSA ALL'AZIONE!
METTIAMO LE MANI IN PASTA

Arrivati a questo punto ti starai chiedendo "ma quindi, dopo aver appreso tutte queste cose, come posso guadagnare con le criptovalute?", sii astuto e paziente, ecco come. Astuto da sfruttare internet per trovare modi sempre più proficui di guadagno con le crypto, paziente da vederne i risultati e guadagni nel tempo. Non hai più bisogno di corsi da centinaia di euro che ti dicano le stesse cose che hai letto in questo libro, se non altro in modo più approfondito, arrivando in dettagli veramente tecnici. Hai bisogno di capitale da investire, un margine di perdita ed errore da rispettare e tanta pazienza. Sfrutta le nozioni del capitolo 2 e comprendi bene il mercato, solo perché è "rosso" non vuol dire che sia necessario vendere, andando a fare *panic sell*, ossia vendere perché presi dal panico.

Puoi investire in un'ottica di lungo termine o facendo day trading. Come ho detto, nel primo caso devi avere pazienza e nel secondo caso abilità e conoscenza, per cui il tuo studio non finisce qui. Nel 2010 bitcoin valeva 10$, se ne avessi acquistati solo 5, nel 2021 saresti arrivato ad avere circa 350.000$ a fronte dei 50 investiti, avresti dovuto avere ben undici anni di pazienza tra alti e bassi di mercato. Mentre con il day trading devi avere un'alta soglia dell'attenzione, tempo e capitale a disposizione, soprattutto capitale, per non parlare dell'abilità di analisi dei grafici. Per cui inizia a cercare video online che ti spieghino come fare un'analisi fondamentale e trova gli asset dove andrai ad investirai i tuoi soldi.

Pensa che una delle cause per cui la maggior parte delle persone perde i propri soldi è la mancanza della giusta preparazione, delle conoscenze basilari e delle troppe lacune, non smetterò mai di dirlo, per guadagnare bisogna essere sapienti! Questo vale per tutto, tutti quei campi nei quali andrai ad approcciarti o business che ti andranno ad interessare.

Con questo libro ho cercato di darti la giusta e abbastanza completa conoscenza per iniziare, mentre se hai già iniziato sono sicuro che avrai imparato comunque qualcosa di nuovo. D'ora sarai meno spaesato e con qualche nozione in più, non sei più il classico neofita che conosce solo la facciata della cosa.

CONCLUSIONI

Tutte le cose belle, sono destinate a finire, un po' come questo libro. Libro nel quale ho cercato di essere il più esaustivo possibile, nel modo più semplice e comprensibile, senza essere inutilmente pesante. Non volevo scrivere uno di quei libri arricchiti da cose inutili tanto per riempirlo e avere più pagine, magari noioso, con troppi capitoli o argomenti di terz'ordine che portano il lettore a mettere il libro su una mensola a prendere polvere. No, ho voluto scrivere un libro dove argomenti complessi potessero essere compresi da chiunque, quasi anche da un bambino. Un libro che, anche a fine lettura, potrai comunque utilizzare, grazie al "crypto-vocabolario" che troverai nelle prossime pagine, così se avrai bisogno di una completa spiegazione di un qualche termine ti basterà sfogliare e "poof", ecco a te termine e spiegazione. Ho pensato di aggiungerlo così che tu possa trovare la spiegazione di alcuni termini o nozioni assenti nelle pagine precedenti, per cui dà un'occhiata, spero tu lo apprezza.

Detto questo, ti ringrazio per aver acquistato questo libro...
ti ringrazio, per averlo ritenuto un buon investimento.

THE CRYPTO VOCABULARY

A:

- **Absolute Advantage:** Un pensiero economico nel quale una parte ha un vantaggio diretto, in termini di efficienza, nel produrre o fornire un bene/servizio specifico rispetto ad un'altra parte.

- **Active management:** Strategia d'investimento adottata dai gestori di fondi, che mirano a sovraperformare un indice o un mercato, col fine di generare profitti.

- **Address:** Stringa di testo che indica la posizione di un particolare portafoglio sulla blockchain, ovvero la *chiave pubblica*.

- **Airdrop:** La distribuzione di beni digitali al pubblico, token criptovalute o NFT, una sorta di giveaway, un contesto dove bisogna svolgere dei passaggi particolari.

- **All or None Order (AON):** Un ordine che, una volta piazzato, dev'essere eseguito nella sua interezza e completezza o non essere eseguito proprio. Questa cosa impedisce qualsiasi riempimenti parziali degli ordini.

- **Algorithm:** Una sequenza di istruzioni informatiche con lo scopo di risolvere un problema.

- **Allocation:** Assegnazione di token o un capitale, che può essere guadagnata, acquistata o messa da parte per un certo investitore, team, organizzazione o altra entità collegata.

- **Alpha:** Un primo sguardo ad un prodotto rilasciato da un team, che consiste nella primissima versione di un software o prodotto primitivo e di base.

- **Alpha Group:** Termine utilizzato tra le community NFT per allertare progetti con potenziale di crescita.

- **Altcoin:** Monete alternative a Bitcoin, che non sono Bitcoin.

- **Application Programming Interface (API):** Un insieme di funzioni e procedure che permettono agli utenti di interagire con i dati di un'applicazione o di un servizio, come uno scambio, per eseguire le caratteristiche del servizio.

- **Application-Specific Integrated Circuit (ASIC):** Un circuito integrato personalizzato per le massime prestazioni in un uso particolare, adottato nel mining di Bitcoin.

- **Arbitrage:** Acquisto e vendita di beni su diversi mercati per trarre vantaggio con la differenza di prezzo.

- **ASIC-resistant:** Criptovaluta resistente al mining di ASIC, ha un algoritmo e protocollo che non permette l'utilizzo di ASIC per l'estrazione della moneta, o non porti alcun vantaggio significativo rispetto al mining con GPU.

- **Ask Price:** Il prezzo più basso che un venditore è disposto ad accettare sul suo ordine di vendita quando scambia un asset su uno scambio.

- **Asset Management:** Un sistema che aiuta gli individui o le aziende a gestire i propri beni, sia per conto dei loro clienti che per conto proprio.

- **Asynchronus:** Eventi nei sistemi elettronici che non avvengono allo stesso tempo o alla stessa velocità, o che avvengono indipendentemente dal flusso principale del programma.

- **Atomic Swap:** Tecnologia smart contract che permette lo scambio di una criptovaluta con un'altra senza utilizzare intermediari centralizzati come gli exchange.

- **Attack Surface:** Punti in un software dove un attaccante può tentare di entrare o estrarre dati dal sistema.

- **Auction:** Evento in cui beni o servizi sono negoziati attraverso un processo di offerta.

B:

- **Bags:** Un portafoglio di crypto o token con asset poco performanti che gli investitori insistono a tenere

- **Bear Market:** Tendenza negativa dei prezzi di mercato, termine utilizzato non solo nelle crypto ma anche nei mercati tradizionali (mercato in rosso).

- **Benchmark:** Uno standard di misurazione che può essere utilizzato per valutare la performance di un particolare asset o portafoglio di investimento.

- **BEP-2:** Uno standard tecnico che definisce una serie di regole per l'emissione e la gestione dei token nell'ecosistema Binance Chain.

- **BEP-20:** Standard di token su Binance Smart Chain che estende ERC-20. Si può pensare ad esso come un modello per i token che definisce come possono essere spesi, chi può spenderli, e altre regole per il loro utilizzo, grazie alla somiglianza con BEP-2 e ERC-20 è compatibile con entrambi.

- **BEP-721:** Uno standard tecnico che definisce una serie di regole per l'emissione di NFT nell'ecosistema Binance Smart Chain.

- **BEP-95:** Proposta di evoluzione di Binance che introduce un meccanismo di masterizzazione in tempo reale nella Binance Smart Chain.

- **Beta (coefficient):** Uno strumento utilizzato per misurare la volatilità di un asset rispetto alla volatilità di un portafoglio specifico o di un indice di mercato.

- **Beta (Release):** Una versione iniziale di un programma per gli utenti, da testare per ottenere un feedback. La fase Beta viene dopo la fase Alpha.

- **Bid Price:** Valore che gli acquirenti offrono per un bene, come un titolo o una criptovaluta, un prezzo d'offerta.

- **Bid-Ask Spread:** La differenza di prezzo tra il prezzo di richiesta più basso e il prezzo di offerta più alto sul libro degli ordini per un asset.

- **Bitcoin Core:** Implementazione principale del software che permette agli utenti di interagire con la rete Bitcoin.

- **Bitcoin Dominance:** Il rapporto tra la capitalizzazione di mercato di Bitcoin e la somma delle capitalizzazioni di mercato di tutte le criptovalute.

- **Black Swan Event:** Un evento che è spesso del tutto inaspettato e si discosta dal risultato atteso causando ramificazioni diffuse.

- **Block:** File informatico che memorizza i dati delle transazioni. Disposti in una sequenza lineare formeranno la blockchain.

- **Block Explorer**: Pagina web online della Blockchain che permette agli utenti di sfogliare le informazioni sui blocchi, le transazioni, i saldi e le cronologie delle transazioni.

- **Block Header:** Sezione che contiene metadati e un riassunto delle transazioni del blocco, queste informazioni saranno sottoposte all'hashing durante la fase di mining.

- **Block Height:** Il numero di blocchi nella catena tra un blocco e il primo blocco su quella blockchain.

- **Bande di Bollinger:** Un indicatore di analisi tecnica che misura la volatilità del mercato.

- **Bounty:** Una ricompensa messa da un gruppo o da un individuo per incentivare un certo lavoro, un comportamento o uno sviluppo.

- **Breakeven Point (BEP):** Il punto in cui i costi totali di un'operazione sono equivalenti al suo valore o ricavo attuale.

- **Breakeven Multiple:** Il multiplo del prezzo corrente di cui un bene deve apprezzarsi per raggiungere il suo precedente massimo storico.

- **Breakout:** Quando il prezzo di un'attività si muove al di fuori di un range o di un modello definito, rompendo un'area di supporto o di resistenza.

- **BUIDL:** Derivato da HODL, un termine che si riferisce al tenere la testa bassa e concentrarsi sulla costruzione del prodotto.

- **Bull market:** Una tendenza positiva nei prezzi di un mercato. Utilizzato anch'esso nei mercati tradizionali. (mercato verde).

- **Buy Wallet:** Il risultato di un singolo enorme ordine di acquisto o di più grandi ordini di acquisto messi allo stesso prezzo nell'order book di un mercato.

C:

- **Candidate Block:** Un blocco temporaneo creato da miner da aggiungere alla blockchain per ricevere le ricompense del blocco.

- **Candestick:** Una rappresentazione grafica dell'azione del prezzo che mostra i punti di apertura, chiusura, massimo e minimo in un certo periodo.

- **Capitulation:** Un periodo di forte attività di vendita, in cui gli investitori abbandonano le loro posizioni e vendono le loro partecipazioni il più rapidamente possibile.

- **Cansorship-resistance:** La parte di un computer responsabile dell'interpretazione delle istruzioni dei programmi informatici e dell'esecuzione delle operazioni.

- **Centralized:** Momento in cui i meccanismi di pianificazione e decisione sono concentrati in un punto particolare di un sistema, come un ente, un capo o un team di persone.

- **Cipher:** Un metodo per criptare e decriptare i messaggi.

- **Cloud:** Una pool condiviso di risorse, che vengono messe a disposizione di più utenti attraverso Internet.

- **Collateral:** Impegno di qualcosa di valore contro un prestito, per garantire che la persona che prende il prestito completerà il rimborso.

- **Colocation:** Uno spazio dedicato in un centro dati appartenente alle borse che viene condiviso con altre entità come i trader ad alta frequenza.

- **Confirmation Time:** Il tempo trascorso quando una transazione viene presentata alla rete e il tempo in cui viene registrata in un blocco confermato.

- **Confluence:** Quando più metodi di investimento, indicatori tecnici o segnali di trading sono combinati per formare una strategia più affidabile.

- **Consumer Price Index (CPI):** Misura utilizzata per tracciare gli effetti dell'inflazione in un periodo di tempo.

- **Cryptography:** La scienza che utilizza teorie matematiche e calcoli per criptare e decriptare informazioni.

- **Custody:** Detenzione di beni per conto di un cliente. Può anche riferirsi alla proprietà dei propri fondi o beni.

D:

- **Daemon:** Processo che opera in background in attesa di uno specifico evento o condizione per essere attivato.

- **Dead Cat Bounce:** Un breve recupero nel prezzo di un asset in declino che è seguito a breve da una continuazione della tendenza al ribasso.

- **Decentralized Application (Dapp):** Applicazioni che girano su una rete informatica P2P piuttosto che su un computer centrale. Questo permette al software di funzionare su internet senza essere controllato da una singola entità o gruppo di persone.

- **Decentralized Autonomous Cooperative (DAC):** Un'organizzazione che è controllata dagli azionisti piuttosto che da un'autorità centrale.

- **Decentralized Autonomous Organization (DAO):** Un sistema di regole hard-code che definiscono le azioni che un'organizzazione decentralizzata prenderà.

- **Decentralized Finance (DeFi):** L'ecosistema composto da applicazioni finanziarie decentralizzate sviluppate su reti blockchain.

- **Decryption:** L'atto di invertire un processo di crittografia in modo che i dati illeggibili possano essere leggibili.

- **Delisting:** La rimozione di un asset da un Exchange sia come richiesta del team del progetto, sia come decisione presa dalla borsa.

- **Design Flaw Attack:** Un attacco in cui un utente malintenzionato crea di proposito uno smart-contract, o altro software con la conoscenza di alcuni difetti, al fine di ingannare gli individui che interagiscono all'interno dell'ambiente permissionless.

- **Divergeance:** Quando il prezzo di mercato di un asset e un indicatore tecnico (ad esempio RSI, Volume) si dirigono in direzioni opposte.

- **Diversification:** L'allocazione di fondi tra diversi tipi di attività e giurisdizioni al fine di ridurre i rischi complessivi.

- **Do Your Own Research (DYOR):** Fai la tua ricerca su un token, una moneta o progetto NTF.

- **Dollar Cost Averaging (DCA):** Investire importi fissi in dollari per periodi di tempo regolari, indipendentemente dal prezzo del bene.

- **Double spending:** Nel momento in cui una data quantità di monete viene spesa più di una volta.

E:

- **Eclipse Attack:** Quando la maggioranza dei peer della rete sono malintenzionati e monopolizzano la rete per impedire a specifici nodi di ricevere informazioni da nodi onesti.

- **Efficient Market Hypotesis (EHM):** Una teoria economica che afferma che i mercati finanziari riflettono tutte le informazioni disponibili sul prezzo dei beni in qualsiasi momento.

- **Encryption:** Conversione di informazioni o dati in un codice sicuro, col fine di impedire l'accesso non autorizzato alle informazioni o ai dati.

- **Enterprise Ethereym Alliance (EEA):** La prima organizzazione di standard globali del settore per fornire un'architettura aperta e basata su standard e specifiche per accelerare l'adozione di Enterprise Ethereum.

- **ERC-20:** Uno standard tecnico utilizzato per emettere e implementare token sulla blockchain di Ethereum, proposto nel novembre 2015 da Fabian Vogelsteller.

- **ERC-721:** Un token non fungibile basato su Ethereum. Questo significa che ogni token è unico e di conseguenza non intercambiabile.

F:

- **Fakeout:** Una situazione in cui un trader entra in una posizione scommettendo su un movimento di prezzo che si inverte rapidamente o alla fine non accade.

- **Falling Knife:** L'azione di acquistare un bene mentre è in rapido calo di prezzo con l'aspettativa che rimbalzi.

- **Fear Of Missing Out (FOMO):** La sensazione di paura e ansia di perdere un'opportunità potenzialmente redditizia.

- **Fear, Uncertainty and Doubt (FUD):** Una strategia di marketing usata per diffondere paura e insicurezza tra i clienti, i commercianti o gli investitori.

- **Fiat:** Denaro che il governo adotta, controlla e dichiara valuta legale.

- **Fill or Kill Order (FOK):** Un ordine di acquisto o di vendita che deve essere eseguito immediatamente nella sua interezza o sarà cancellato.

- **Finality:** La garanzia che le transazioni completate non possono essere alterate, invertite o annullate.

- **First-Mover Advantage (FMA):** Il vantaggio competitivo del primo progetto che porta un bene, in un mercato o industria nuova e inesplorata.

- **Fiscal Policy:** Descrive come le autorità regolino le aliquote fiscali di un paese, influenzando il modo in cui i fondi pubblici dovrebbero essere raccolti e utilizzati.

- **Flappening:** Nome per descrivere il momento in cui Litecoin (LTC) ha superato Bitcoin Cash (BCH) in termini di capitalizzazione di mercato.

- **Flippening:** Nome per descrivere il momento in cui Ethereum (ETH) supera Bitcoin (BTC) in termini di capitalizzazione di mercato.

- **Forced Liquidation:** Quando la posizione a leva di un trader viene forzatamente chiusa perché non soddisfa i requisiti di margine necessari.

- **Forex (FX):** Forex sta per Foreign Exchange Markets. È un mercato globale per il commercio di valute fiat.

- **Formal Verification:** Utilizzo di prove matematicamente rigorose per garantire determinate proprietà degli algoritmi crittografici e dei meccanismi della blockchain.

- **Full Node:** Un computer che implementa completamente l'insieme delle regole di una rete blockchain sottostante e convalida completamente le transazioni e i blocchi su una blockchain.

- **Fundamental Analysis (FA):** Valutazione di un asset sulla base delle sue caratteristiche sottostanti e dei suoi tratti come sforzo per arrivare ad un valore intrinseco dell'asset.

- **Fungibility:** La proprietà di un asset le cui singole unità sono indistinguibili l'una dall'altra in termini di valore e funzionalità.

- **Futures Contract:** Una versione standardizzata dei contratti a termine che sono usati come un accordo legale per comprare o vendere un'attività in futuro a un prezzo e una data concordati.

G:

- **Gas:** Il meccanismo dei prezzi impiegato sulla blockchain di Ethereum per calcolare i costi delle operazioni degli Smart Contract e le commissioni delle transazioni.

- **Gas Limit:** Il prezzo massimo che un utente di criptovaluta è disposto a pagare quando invia una transazione o esegue una funzione di uno Smart Contract.

- **General Public License:** Licenza che permette agli utenti di copiare e modificare il software e richiede che le opere siano distribuite sotto la stessa licenza.

- **Genesis Block:** Il primo blocco in assoluto registrato sulla rispettiva rete blockchain, chiamato anche come Blocco 0 o Blocco 1.

- **Golden Cross:** Un modello grafico rialzista in cui una media mobile a breve termine si incrocia sopra una media mobile a lungo termine.

- **Gossip Protocol:** Un particolare metodo di comunicazione asincrona peer-to-peer tra i nodi di un sistema distribuito.

- **Gwei:** Una piccola denominazione di Ether. È ampiamente utilizzato come misura dei prezzi del gas. 1.000.000.000 wei = 1 Giga wei (Gwei).

H:

- **Halving:** Quando la ricompensa a blocchi di un asset crypto, come il bitcoin, scende a metà di quello che era prima; questo è usato per creare un tasso decrescente di emissione per arrivare ad un'eventuale fornitura finita di un asset crypto.

- **Hard Cap:** Importo massimo di fondi che un progetto intende raccogliere durante la sua Initial Coin Offering (ICO) o un evento alternativo di raccolta fondi.

- **Hash:** L'output prodotto da una funzione di hash dopo la mappatura di un pezzo di dati. Può anche essere indicato come valore di hash, codice di hash o digest.

- **Hash Rate:** Velocità con cui un computer o un hardware di mining è in grado di calcolare nuovi hash. Solitamente si misura in hash al secondo.

- **Hashed TimeLock Contract (HTLC):** Si riferisce ad una caratteristica speciale che viene utilizzata per creare contratti intelligenti che sono in grado di modificare i canali di pagamento.

- **High-Frequency Trading (HFT):** Un tipo di trading algoritmico che comporta l'esecuzione di un gran numero di ordini in frazioni di secondo.

- **HODL:** Il termine 'Hold' proviene da bitcointalk. È stato anche adattato per essere un acronimo per Hold on for Dear Life - per mantenere la proprietà delle monete e non vendere

- **Honeypot:** Meccanismo usato nella sicurezza informatica utilizzato per rilevare o contrastare l'accesso non autorizzato ai sistemi informatici.

I:

- **Iceberg Order:** Un ordine condizionato per comprare o vendere una grande quantità di beni in quantità più piccole predeterminate al fine di nascondere la quantità totale dell'ordine.

- **Immutability:** L'impossibilità di cambiare o essere cambiati, caratteristica principale di Bitcoin e della tecnologia blockchain.

- **Index:** Uno strumento finanziario usato per tracciare il valore del prezzo di un dato asset o bag di asset.

- **Initial Coin Offering (ICO):** Metodo di raccolta fondi in cui i nuovi progetti vendono la loro criptovaluta agli investitori.

- **Initial Exchange Offering (IEO):** Metodo di raccolta fondi progettato per ridurre il rischio per gli acquirenti di token introducendo un intermediario di fiducia tra il team del progetto e l'utente.

- **Initial Public Offering (IPO):** Momento in cui una società privata inizia ad offrire le sue azioni al pubblico per la prima volta.

- **Interoperability:** Un concetto che permette alle blockchain di essere compatibili l'una con l'altra e di costruire sulle caratteristiche e sui casi d'uso dell'altra.

- **InterPlanetary File System:** Progetto open-source che costruisce un protocollo per lo stoccaggio e l'accesso distribuito ai contenuti.

- **IOU:** Sta per "I owe you" e si riferisce a un documento informale che riconosce un debito di una parte verso un'altra.

- **Isolated Margin:** Il saldo di margine assegnato a una posizione. I trader possono gestire il rischio limitando l'importo assegnato a ciascuna posizione.

- **Issuance:** Generazione di una nuova criptovaluta che avviene in una varietà di modi diversi, a seconda dei parametri specificati dai creatori.

L:

- **Latency:** Il tempo tra l'invio di una transazione a una rete e la prima conferma di accettazione da parte della rete.

- **Law of Demand:** La legge della domanda si riferisce alla volontà dei consumatori di acquistare una quantità specifica di beni o servizi a un prezzo particolare.

- **Layer 2:** Un quadro secondario o un protocollo che viene costruito sopra un sistema blockchain esistente per fornire una maggiore scalabilità.

- **Ledger:** Registro fisico o un file digitale del computer dove le transazioni monetarie e finanziarie sono tracciate e registrate.

- **Library:** Collezione di risorse stabili, che possono includere file eseguibili, documentazione, modelli di messaggi e codici scritti.

- **Lightning Network:** Un secondo livello che opera sopra una blockchain, consentendo una maggiore velocità di transazione tra i nodi partecipanti. Questa è una delle principali soluzioni di scalabilità.

- **Liquidity:** La capacità di vendere o comprare un dato bene senza causare fluttuazioni significative nel prezzo di mercato di quel bene. In genere un buon exchange deve avere un'alta liquidità.

- **Listing:** L'aggiunta di un asset in un Exchange, sia come richiesta da parte del team del progetto, sia come decisione presa dall'Exchange.

M:

- **Mainnet:** Un protocollo blockchain completamente sviluppato e implementato dove le transazioni vengono trasmesse, verificate e registrate.

- **Mainnet Swap:** Quando una moneta migra da una piattaforma di terze parti come Ethereum, o altri token, a un token nativo on-chain sulla loro mainnet.

- **Maker:** Si diventa un "maker" quando si inserisce un ordine e questo non viene scambiato immediatamente; quindi, il tuo ordine rimane nel libro degli ordini e aspetta che qualcun altro lo riempia o lo abbini più tardi.

- **Malware:** Qualsiasi programma software o codice creato per infiltrarsi e causare intenzionalmente danni a sistemi e reti di computer.

- **Margin Trading:** Trading utilizzando fondi presi in prestito. ATTENZIONE: questa è una strategia ad alto rischio e dovrebbe essere fatta solo da investitori esperti.

- **Market Capitalization (MARKET CAP):** Valore totale di scambio di una data moneta, calcolato dal prodotto dell'offerta della moneta per il prezzo corrente.

- **Market Momentum:** La capacità di un certo mercato di mantenere un continuo aumento o diminuzione del prezzo in un particolare lasso di tempo.

- **Market Order:** Quando un acquirente sceglie la migliore offerta o richiesta disponibile per una criptovaluta, prendendo il prezzo e la quantità disponibili sull'order book.

- **Masternode:** Nodi di una rete che spesso richiedono una quantità minima di una determinata moneta puntata per accedere alle ricompense di puntata.

- **Maximum Supply (MAX SUPPLY):** Si riferisce al numero massimo di monete o token che saranno mai creati per una data criptovaluta.

- **Mempool:** Il meccanismo di un nodo per tenere traccia delle transazioni non confermate che il nodo ha visto, ma che non sono ancora state aggiunte a un blocco.

- **Merged Mining:** L'atto di estrarre due o più criptovalute allo stesso tempo, senza sacrificare le prestazioni complessive di estrazione.

- **Markle Tree:** Modo di organizzare e strutturare grandi quantità di dati per renderli più semplici da elaborare. Una struttura di dati basata su hash.

- **Metadata:** Dati che includono informazioni su altri dati, come le informazioni sulle caratteristiche di una specifica transazione.

- **Mining:** La verifica delle transazioni su una rete blockchain, in cui le transazioni vengono aggiunte come voci nel libro mastro della blockchain. O processo di estrazione di una crypto.

- **Mining Farm:** Un insieme di molti minatori, spesso in un magazzino o in un grande centro dati dedicato all'estrazione di criptovalute.

- **Monetary Policy:** Si riferisce alle politiche che le autorità creano e adottano per controllare l'offerta di denaro e i tassi di interesse di un paese.

- **Moon:** Espressione usata per descrivere una criptovaluta o un altro bene che sta vivendo una forte tendenza al rialzo sul mercato.

- **Multisignature:** Portafoglio che richiede che un'altra parte autorizzi una transazione prima che questa venga trasmessa alla rete.

N:

- **Node:** Un partecipante su una rete blockchain che comunica con altri partecipanti per garantire la sicurezza e l'integrità del sistema.

- **Non-Fungible Token (NFT):** Un tipo di token crittografico che rappresenta un unico bene digitale o del mondo reale e non è intercambiabile.

- **Nonce:** Una stringa o un numero arbitrario monouso generato a scopo di verifica per prevenire la riproduzione di transazioni passate.

O:

- **Off-chain:** Transazioni che avvengono al di fuori di una rete blockchain, che possono essere successivamente riportate o raggruppate prima di essere presentate alla catena principale.

- **Offshore account:** Un conto che è registrato in una giurisdizione diversa da quella della cittadinanza del titolare.

- **One Cancels the Other Order (OCO):** Una coppia di ordini che vengono creati simultaneamente, ma è possibile che solo uno di essi venga eseguito.

- **Open-Source Software (OSS) :** Software rilasciato sotto una licenza che dà a chiunque la possibilità e il diritto di usarlo, aggiornarlo e distribuirlo liberamente.

- **Oracle:** Una fonte di dati, o feed da una terza parte, utilizzato per determinare i risultati per gli Smart Contract.

- **Order Book:** Una lista elettronica di ordini di acquisto e vendita in sospeso per una specifica attività su una borsa o un mercato.

- **Orphan Block:** Un blocco il cui blocco genitore è sconosciuto, formato nelle vecchie versioni di Bitcoin Core, dove non erano richiesti dati di ascendenza.

P:

- **Paper Wallet:** Un pezzo di carta su cui vengono fisicamente stampati l'indirizzo di una criptovaluta e la sua corrispondente chiave privata.

- **Passive Management:** Una strategia d'investimento che non si basa sull'esposizione attiva al mercato, ma piuttosto segue un indice economico esistente.

- **Peer-to-Peer (P2P) :** Quando due o più computer sono collegati e condividono il carico di lavoro o le risorse senza fare affidamento su un server centralizzato.

- **Pegged Currency:** Una valuta in cui il prezzo è progettato per rimanere lo stesso di un asset designato. Per esempio: 1 USDT è ancorato a 1 USD. Viene più comunemente denominata "Stablecoin".

- **Phishing:** Un attacco maligno in cui un cattivo attore cercherà di ottenere le credenziali di un utente al fine di ottenere un accesso non autorizzato al suo conto.

- **Plasma:** Una soluzione di scaling off-chain di Ethereum che può permettere a Etherum di aumentare notevolmente le capacità di transazioni al secondo.

- **Polkadot Crowdloan:** Si riferisce al processo di scommettere token Polkadot (DOT) per sostenere progetti specifici nell'Asta degli slot Polkadot. In cambio, i partecipanti possono ricevere ricompense dai progetti.

- **Ponzi Scheme:** Una truffa in cui i fondi dei nuovi investitori vengono utilizzati per pagare i rendimenti promessi agli investitori precedenti. Non investire in questi.

- **Price Action:** I movimenti di prezzo di un'attività finanziaria nel tempo, è tracciata su un grafico e può essere usata dai trader per identificare i setup di trading.

- **Prisoner's Dilemma:** Un esempio che mostra perché due individui potrebbero non cooperare, anche se sembra essere nel loro migliore interesse.

- **Private Key:** Nelle criptovalute, una chiave privata è un lungo numero che permette agli utenti di firmare le transazioni e di generare indirizzi di ricezione.

- **Private Sale:** Un round di investimento early stage per investitori strategici con una quantità considerevole di fondi investibili.

- **Progressive Web Application (PWA):** Un'applicazione che viene creata attraverso l'uso di moderne tecnologie web e segue gli standard web di base.

- **Proof of Attendance Protocol (POAP):** Un protocollo che crea badge digitali o oggetti da collezione per celebrare e registrare la partecipazione a un evento.

- **Proof of Stake (PoS):** "Prova di partecipazione", meccanismo di consenso che ricompensa i validatori dei blocchi in base alla quantità di monete che hanno in gioco.

- **Pseudorandom:** La proprietà di una funzione definita che può produrre un risultato che supera i test statistici di casualità.

R:

- **Race Attack:** Quando due transazioni sono create con gli stessi fondi allo stesso tempo, con l'intenzione di spendere quei fondi due volte.

- **Ransomware:** Un tipo di malware che si impossessa del tuo computer e minaccia di distruggere o rivelare i file a meno che non venga pagato un riscatto.

- **Rekt:** Un termine gergale usato per definire qualcuno o qualcosa che è stato distrutto o ha subito un fallimento catastrofico e un sinonimo di liquidato.

- **Resistance:** Un termine dell'analisi tecnica (AT). Quando un prezzo che sta aumentando trova una resistenza. Di solito rispetto ai massimi precedenti.

- **Return on Investment (ROI):** Una misura usata per valutare l'efficienza di un investimento. Il rapporto tra il profitto netto e il costo netto.

- **Roadmap:** Una tecnica di pianificazione aziendale che stabilisce gli obiettivi a breve e lungo termine di un'azienda all'interno di una linea temporale flessibile e stimata.

- **Rug Pull:** Un rug pull nell'industria delle criptovalute è quando un team di sviluppo abbandona improvvisamente un progetto e vende o rimuove tutta la sua liquidità.

S:

- **Satoshi:** La più piccola unità di un bitcoin, come definito dal protocollo Bitcoin. Equivale a un centomilionesimo di un bitcoin o 0,00000001 BTC.

- **Securities and Exchange Commission (SEC):** Un'agenzia governativa indipendente responsabile della regolamentazione dei mercati dei titoli.

- **Security Audit:** Un'analisi sistematica per valutare quanto sia sicuro un sistema, uno smart contract o una blockchain contro attacchi o guasti tecnici.

- **Seed Phrase:** Una seed phrase o seed mnemonico è un insieme di parole che possono essere usate per accedere al tuo portafoglio di criptovalute.

- **Segregated Witness (SegWit):** Processo in cui le firme delle transazioni sono separate dalle transazioni bitcoin. Permettendo a più transazioni di stare in un blocco.

- **Selfish Mining:** Il trattenimento e il rilascio strategico di blocchi da parte di un minatore al fine di ottenere un vantaggio competitivo sulla rete.

- **Sell Wallet:** Un ordine di vendita limite molto grande o un cumulo di ordini di vendita allo stesso livello di prezzo su un order book per un'attività.

- **Sentiment:** L'atteggiamento generale di una comunità nei confronti di una criptovaluta o tra gli investitori verso un certo mercato finanziario.

- **Sharpe Ratio:** Un rapporto creato nel 1966 che gli investitori e gli economisti usano per valutare il potenziale ritorno dell'investimento (ROI).

- **Smart Contract:** Contratti automatizzati che innescano determinate azioni quando si verificano condizioni predeterminate. Funziona come le condizioni 'If...then', è necessario che la condizione C sia soddisfatta prima che il denaro possa essere trasferito da A a B.

- **Snapshot:** La capacità di registrare lo stato di un libro mastro della blockchain, un dispositivo di archiviazione o un sistema informatico in un momento specifico.

- **Source Code:** Codice del computer, che è responsabile della definizione di come il software funzionerà sulla base di un elenco di istruzioni e dichiarazioni.

- **Stablecoin:** Un tipo di criptovaluta che è progettata per mantenere un valore stabile, piuttosto che sperimentare significativi cambiamenti di prezzo.

- **Staking Pool:** Un pool in cui le parti interessate combinano il loro potere di puntata per aumentare le loro possibilità di convalidare con successo un nuovo blocco.

State Channel: Un canale di comunicazione bidirezionale tra due o nodi di una rete, o utente o un servizio.

- **Store of Value:** Una merce, un bene o una valuta che può essere risparmiata, recuperata e scambiata in una data futura, senza subire svalutazioni.

- **Supercomputer:** Computer o una macchina virtuale che opera al massimo livello di potenza di calcolo attualmente possibile.

- **Supply Chain:** Una rete di persone e aziende coinvolte nella creazione e distribuzione di un particolare prodotto o nel servire un particolare cliente.

- **Support:** Altro termine dell'analisi tecnica (AT). Quando un prezzo che sta diminuendo trova "supporto", di solito rispetto ai minimi.

T:

- **Taker:** Il 'taker' è qualcuno che decide di piazzare un ordine che viene immediatamente abbinato a un ordine esistente sull'order book.

- **Tank:** Termine adottato dai mercati finanziari tradizionali e descrive una forte performance finanziaria negativa di un particolare asset.

- **Ticker:** Il "simbolo" di trading o il nome abbreviato (tipicamente in lettere maiuscole) che si riferisce a unamoneta su una piattaforma di trading. Ad esempio: BTC.

- **Token:** I token (da non confondere con le monete, coin) sono unità digitali emesse su una blockchain. Possono contenere valore o essere riscattati per beni.

- **Token Lockup:** Token lockup o vesting period si riferisce al periodo di tempo in cui i token o le monete non possono essere trasferiti o scambiati.

- **Token Sale:** L'emissione di token in cambio di un'altra criptovaluta. Chiamata anche Initial Coin Offering.

- **Total Supply:** Si riferisce al numero di monete o token attualmente esistenti e che sono in circolazione o bloccati in qualche modo.

- **Transaction ID (TXID):** Un ID di transazione (TXID)

è una stringa unica di caratteri che etichetta ogni transazione sulla blockchain.

- **Transaction Per Second (TPS):** Il numero di transazioni che una rete blockchain è in grado di elaborare ogni secondo.

- **Trustless:** Nessuna singola entità ha autorità sul sistema e il consenso viene raggiunto tra i partecipanti che non devono fidarsi l'uno dell'altro.

- **Turing Complete:** Una macchina che, con abbastanza tempo e memoria, insieme alle istruzioni necessarie, può risolvere qualsiasi problema computazionale, non importa quanto complesso

U:

- **Unit of Account:** Una delle proprietà primarie del denaro. Permette di misurare e confrontare il valore di cose diverse.

- **Unspent Transaction Output (UTXO):** Un output creato in una transazione, che deve essere referenziato in una transazione futura per spendere i fondi.

- **User Interface (UI):** Interfaccia in cui avvengono le interazioni tra esseri umani e macchine. Stabilisce come un utente può interagire con una macchina.

V:

- **Verification Code:** Codice inviato a un secondo dispositivo per garantire l'identità di qualcuno che accede a un account. Utilizzato per l'autenticazione a due fattori.

- **Virtual Machine:** Un sistema informatico emulato, o un sistema distribuito che è progettato per replicare le caratteristiche dell'architettura di un computer.

- **Vladimir Club:** Un termine usato per descrivere qualcuno che ha acquisito l'1% dell'1% (0,01%) della fornitura massima di una criptovaluta.

- **Volatility:** Quanto velocemente e quanto cambia il prezzo di un asset. Calcolata in termini di deviazioni standard del rendimento annuale di un'attività in un determinato periodo di tempo.

- **Volume:** Una misura del numero di unità individuali di un'attività che sono passate di mano in un mercato durante un dato periodo.

W:

- **Wallet:** Utilizzato per inviare e ricevere criptovalute. I diversi tipi includono portafogli software, portafogli hardware e portafogli cartacei.

- **Weak Hands:** Termine che si riferisce ai trader o agli investitori che non hanno la sicurezza di tenere i loro beni o di seguire i loro piani di trading.

- **Weak Subjectivity:** Si riferisce alla necessità di alcuni nodi di fare affidamento su altri nodi nel determinare lo stato attuale di una blockchain PoS.

- **Web 1.0:** L'iterazione iniziale del web, quando i dati erano principalmente pagine di sola lettura collegate con collegamenti ipertestuali. Conosciuto anche come web di sola lettura.

- **Wei:** La più piccola denominazione possibile di ether (ETH), la valuta utilizzata sulla rete Ethereum. Spesso usato quando ci si riferisce ai prezzi del gas.

- **Whale:** Un individuo o un'organizzazione che detiene una grande quantità di Bitcoin o altre criptovalute, permettendo loro di influenzare i mercati.

- **Whiskers:** Le linee che si estendono dalla barra colorata in un grafico a candele che indicano l'intera gamma basso-alto di una coppia di trading in un certo periodo di tempo. Chiamati anche Wick o ombre.

- **Whitelist:** Una lista di individui, programmi informatici o indirizzi di criptovaluta consentiti o affidabili in relazione a un servizio o un evento.

- **Wick:** Una linea che si trova su un grafico a candele che viene utilizzata per indicare dove il prezzo di un bene sta fluttuando in relazione ai suoi prezzi di apertura e di chiusura.

- **Wrapped Ether (WETH):** Token ERC-20 che rappresenta Ether con un rapporto di 1:1. Permette agli utenti di scambiare ETH con token ERC-20 su piattaforme decentralizzate.

Z:

- **Zero-Knowledge Proofs:** Prove per verificare che le transazioni siano valide senza rivelare alcuna informazione su queste transazioni, fornendo privacy alla transazione pur mantenendo la sua legittimità.

- **Zk-Snarks:** "Zero-Knowledge Succinct Non-Interactive Argument of Knowledge" - un approccio alle prove a conoscenza zero.

RINGRAZIAMENTI

Per essere il mio primo libro l'entusiasmo da parte di coloro che sapevano in anticipo ciò a cui stavo lavorando è stato altissimo!

Sicuramente non l'avrei portato a termine se non fosse stato per la mia ragazza, Benedicta. Il suo aiuto e supporto mi hanno permesso di completare questo libro, mi è stata vicina dandomi grande sostegno, tenendo accesa fiamma che è in me.

Per non parlare di mia sorella Valeria, la prima persona venuta a sapere del progetto, la quale è stata più che felice di "assistere" al mio lavoro dimostrando pieno appoggio e stima nei miei confronti. Non ha mai smesso di credere in me.

Che dire del mio professore di matematica Gabriele Infusino, è stata la prima persona a scommettere su di me, dandomi tanta ammirazione, rispetto e nozioni utili che mi hanno permesso il completo svolgimento del lavoro.

Ed un grazie speciale va al mio professore di italiano Simone Pagliaro, il quale con la sua disponibilità ha dato una prima revisione al libro, dandomi più sicurezza nel procedimento di pubblicazione.

Grazie anche a tutti i miei carissimi amici che da sempre hanno stima e ammirazione nei miei confronti.

Grazie.

www.ingramcontent.com/pod-product-compliance
Lightning Source LLC
Chambersburg PA
CBHW071216240526
45470CB00018B/1881